FRAIS DE LIQUIDATION

ET

D'ADMINISTRATION

RECUEIL DE DÉCISIONS

FORMANT JURISPRUDENCE

PARIS
IMPRIMERIE EDMOND ROUSSET ET Cie
7, RUE ROCHECHOUART, 7

1885

DÉCISIONS

FORMANT JURISPRUDENCE

DE 1842 A 1879

FRAIS D'ADMINISTRATION

DÉCISIONS FORMANT JURISPRUDENCE DE 1842 A 1879

COUR D'APPEL DE PARIS

30 Novembre 1842

D.P., 43, 2, 86. En ce qui touche les frais de gestion.

S. 43, 2, 85. Considérant que par le contrat intervenu entre la société et les différents souscripteurs ou associés, il a été stipulé à forfait qu'un abonnement de 5 0/0 serait acquis à la société pour frais de gestion.

Que si la société est nulle pour défaut d'autorisation préalable, il est certain, cependant qu'il a existé *une gestion de fait*, soit à l'égard des souscripteurs au comptant dont les fonds ont été placés en rentes sur l'Etat, soit à l'égard des souscripteurs à terme qui auraient été appelés à concourir au partage des bénéfices de l'asssociation.

Considérant qu'il résulte des documents de la cause que les fonds destinés aux frais de gestion ont été employés dans l'intérêt des souscripteurs.

Infirme en ce sens que les juges ont ordonné la restitution des frais de gestion, les jugements au résidu, sortiront à effet.

COUR D'APPEL DE PARIS

26 Janvier 1843

D.P., 43, 2, 86. S. 43. 2. 86. En ce qui touche le chef de demande, de M. X. tendant à être autorisé à retirer les sommes versées entre ses mains pour frais de gestion.

Considérant que MM. W. ne peuvent être admis à alléguer que les obligations qu'ils ont contractées sont le résultat de l'erreur et qu'ils ont ignoré l'illégalité de la société à laquelle ils ont pris part.

Que si l'assurance est annulée comme contraire à l'ordre public, il n'en a pas moins existé de la part de X. des actes d'administration d'où il est résulté pour lui de dépenses considérables dont il est justifié.

Que les intimés ne seraient fondés à réclamer les sommes par eux versées jusqu'à ce jour, comme frais de gestion, qu'autant qu'ils établiraient que l'engagement par eux pris est le résultat de la fraude, ou que les sommes versées n'ont pas reçu l'emploi auquel elles étaient destinées.

Que le moyen tiré de ce que X. aurait pris le titre de Directeur ce qui aurait fait supposer que la société était anonyme et autorisée est détruit par les mentions des polices d'assurances qui énoncent que la société dont les fonds est la garantie des assurés est une société en commandite.

Infirme en ce que M. X. a été condamné à restituer les frais de gestion.

COUR D'APPEL DE PARIS

11 Février 1843

D.P., 43, 2, 87. S. 43, 2, 87. En ce qui concerne la restitution des frais de gestion.

Considérant que si la société mutuelle est annulée, il n'en a pas moins existé une administration de fait qui a donné lieu à des dépenses considérables.

Que si M. X. par une annonce mensongère a indiqué comme membre du conseil de patronnage des personnes honorables, il n'en résulte pas que les souscripteurs aient été déterminés par cette désignation fausse, à souscrire leur police d'assurances.

Considérant que les fonds versés ont été placés, soit en rentes sur l'état, soit employés en frais de gestion, d'administration dans l'intérêt des assurés, ainsi qu'il en est suffisamment justifié.

Qu'ainsi, M. X. est fondé à retenir entre ses mains, les sommes qui ont été versées pour frais de gestion.

Infirme, quant à la restitution des frais de gestion.

COUR D'APPEL DE PARIS

23 Février 1843

D.P., 43, 2, 87. S. 43, 2, 87. Considérant que si la société est nulle, faute d'autorisation, il n'en a pas moins existé une gestion de fait de la part de X. au profit des individus qui se sont associés.

Qu'il n'est pas articulé que l'engagement soit le résultat du dol et de la fraude.

Que le mandat ayant été rempli autant qu'il a pu l'être, le mandant est tenu envers le mandataire des frais faits par ce dernier dans son inrérêt.

En ce qui touche la question de dommages-intérêts réclamés;

Considérant qu'il n'est pas établi qu'il y en ait de causés ;
Infirme au principal, déboute des demandes.

TRIBUNAL DE MONTPELLIER

5 Août 1855

D.P.1,461,1858 S. 1. 15. 1859. Attendu que quoique non autorisée par le gouvernement, une société qui a existe en fait n'en lie pas moins les sociétaires entre eux, quant à l'exécution qu'elle a reçue, et que si elle doit être déclarée nulle pour l'avenir, sa liquidation pour le passé doit être faite conformément au pacte social.

Jugement confirmé par arrêt de la cour de Montpellier du 22 mai 1856 et par arrrêt de la cour de cassation le 9 novembre 1858 (Chambre civile).

COUR D'APPEL DE PARIS

1er Février 1858

D.P. 2,29,1868. Considérant toutefois que jusqu 'au jour de la demande en nullité, une communauté d'intérêts a existé entre les parties et qu'il est nécessaire d'en liquider les résultats sans qu'il soit besoin de statuer sur les exceptions tirées :

La 1re, de l'incapacité de l'appelant pour représenter la société.

La 2e des infractions qu'il aurait faites aux statuts sociaux.

Met à néant l'appellation ; etc.

COUR D'ORLÉANS

21 juillet 1859

D.P. 2, 30, 59. Attendu que si à défaut d'une société régulière, il a existé entre Leclère, Fleurance et les autre co-associés une association de fait dont il peut y avoir lieu de liquider les résultats. La forme de cette demande en liquidation doit être réglée par le droit commun, c'est-à-dire qu'elle ne saurait avoir lieu qu'avec le concours de tous les intéressés, ou tout au moins, par l'intermédiaire d'un représentant ou mandataire *ad hoc,* s'il est possible d'en instituer un régulièrement, soit à l'amiable, soit en justice.

N. B. — Consulter le réquisitoire de l'Avocat-général greffier.

TRIBUNAL CIVIL D'ORLÉANS

17 Juillet 1860

D P. 61, 4, 30. Considérant qu'avant que la nullité de la société ait été prononcée, à cette société a eu une existence de fait qui s'est prolongée pendant plusieurs années ; qu'un assez grand nombre d'assurances ont été contractées, que d'engagements réciproques ont été pris par les personnes qui ont participé aux opérations de la société, engagements à l'exécution desquels aucune de ces personnes ne saurait se soustraire pour tout ce qui est antérieur au jour où la nullité a été prononcée ; que les rapports d'intérêts qui se sont établis entre les co-associés, nécessitent une liquidation qu'à raison de la nature de l'association et du nombre des sociétaires, il est impossible que cette liquidation soit faite autrement que suivant le mode indiqué par les conventions qui ont donné naissance à la société, etc.

COUR D'APPEL D'ORLÉANS

22 Décembre 1860

D.P. 61, 2, 33. Attendu que la communauté d'intérêts qui a existé entre les parties jusqu'au jour où la nullité de la société a été prononcée, doit être réglée par les faits antérieurs, suivant les règles qu'elles se sont imposées, comme si la nullité n'eût pas été prononcée, pourvu, toutefois, que ces conventions ne contiennent aucune disposition dérogatoire au droit commun.

Que les parties ainsi, font que pour le réglement de leurs intérêts elles se sont soumises volontairement aux conséquences qui dérivaient de la nature même de l'association par elles adoptées, etc; que la liquidation doit se faire en vertu des principes concernant les sociétés anonymes; que s'il en était autrement, cette liquidation devant s'effectuer dans les règles tracées par l'article 1872 (code civil) il en résulterait de telles complications et de tels embarras, que ces opérations seraient, sinon impossibles, du moins presque interminables.

Qu'on est donc amené à reconnaître que l'article précité n'a eu évidemment en vue que les sociétés ayant un caractère purement civil, et non celles qui comme dans l'espèce ont emprunté un caractère propre à certaines associations commerciales.

Que c'est donc là le cas de se conformer aux usages du commerce en ce qui concerne les sociétés anonymes, de faire nommer un liquidateur, qu'il ne s'agit plus que de rechercher si Régnier a été régulièrement nommé, etc.

M. Pocher, président, M. Greffier, avocat-génénal,(concl.conf.) Robert de Massy, Pelletier du barreau de Paris.

COUR D'APPEL DE PARIS (4e CHAMBRE)

16 Janvier 1861

D P. 61, 2, 29. Quand la nullité d'une société pour défaut d'une des formalités prescrites par la loi a été prononcée, la liquidation de la société de fait qui a existé, doit se faire conformément aux conventions sociales et aux règles de droit commun,

Le liquidateur nommé par les intéressés après la nullité déclarée, et conformément aux statuts annulés, a néanmoins les mêmes pouvoirs qu'un gérant ordinaire pour poursuivre le réglement des opérations accomplies.

COUR D'APPEL DE PARIS

Année 1861

Jusqu'au jour de la dissolution, il a existé une association ou communauté d'intérêts qui doit être liquidée et qui peut poursuivre en justice, l'exécution des engagements antérieurement pris et peut être représentée devant les tribunaux par un mandataire ou liquidateur nommé par les co-intéressés, réunis en assemblée générale, à la majorité des suffrages, etc.

La disposition de l'article 1872, (code civil) et la maxime que nul en France ne plaide par Procureur n'étant pas applicable aux sociétés civiles qui ont emprunté la forme des sociétés anonymes.

COUR D'APPEL DE PARIS

27 Mars 1862

D.P. 62, 2, 105. Est illicite et nulle, une société en nom collectif, formée entre un pharmacien et deux médecins pour l'exploitation en commun d'un établissement pharmaceutique.

Toutefois, la communauté d'intérêts qui a existé entre les associés en vertu d'un tel acte, doit être réglée conformément à la convention qui l'a constituée.

COUR D'APPEL DE PARIS

10 Mai 1860

D.P. 60, 2. 89. La société formée pour l'exploitation d'un office, et spécialement d'une charge d'agent de change est illicite et nulle.

Dans ce cas, la position des intéressés doit être réglée suivant l'esprit qui a présidé à la formation et à l'exécution de la société de fait.

La nullité d'une société formée pour l'exploitation d'une charge d'agent de change laissant subsister certains droits au profits des intéressés, il n'en résulte point une fin de non recevoir contre toute action relative à ces droits.

COUR DE CASSATION (CH. REQ.)

9 Février 1852

D.P. 52, 1, 71. La société formée pour l'achat et l'exploitation en commun d'un office d'huissier est nulle (code civil 1133, *1re espèce*).

Si la mise en société d'exploitation d'un office d'agent de change est nulle, cette société a effet pour le passé en ce qui concerne les droits respectifs des associés, lesquels doivent être fixés d'après les conventions sociales (c. civil 1133, *2me espèce*).

COUR DE CASSATION (CHAMBRE CIVILE)

13 Mai 1862

D.P. 62, 1, 338. La Cour sur le premier moyen :

Attendu que lorsqu'une société qui a fonctionné pendant un certain temps est annulée, il peut y avoir lieu de régler les conséquences de l'association ou communauté de fait qui a existé antérieurement à l'annulation demandée et prononcée. Que pour régler les conséquences des faits accomplis pendant ce temps, faire cesser l'indivision, procéder au partage des apports et des bénéfices réalisés en commun, il n'est pas interdit aux tribunaux de rechercher dans l'acte de société annulé, quelle a été l'intention des parties contractantes ; comment ont été fournis les capi taux communs pour induire comme résultat équitable de ces constatations, de quelle manière, et dans quelles proportions doivent être partagés l'actif et le passif commun.

Attendu que c'est ainsi qu'a opéré l'arrêt motivé sur ce que le résultat qu'il atteint est le seul but équitable en ce qu'il met les pertes de la société à la charge de ceux qui eussent recueilli les bénéfices et dans la même proportion en ce qu'il répartit les débris de l'actif dans la mesure ou chaque intéressé a dû contribuer à sa formation.

Que si l'arrêt ordonne aux parties intéresssées de compléter leur mise sociale, ce n'est pas pour continuer l'existence d'une société déclarée nulle, mais uniquement pour préparer la liquidation et le partage nécessaires en pareil cas, par un versement réel ou fictif, selon les résultats des comptes.

Que c'est là une opération préliminaire au partage destiné à établir entre les intéressés une égalité proportionnelle dans les répartitions de l'actif et du passif.

Qu'il n'y a dans ce mode d'opérer, ni méconnaissance des conséquences légales de la nullité de la Société prononcée, ni violation d'aucune loi.

MM. Pascalis, président; Sirvin, rapporteur; de Raynal, avocat général (concl. conf.); Léon Clément et Mathieu Bodet, avocats.

COUR DE CASSATION

19 Mars 1862

D.P. 62, 1, 407. En cas d'annulation d'une Société pour défaut de publicité, la communauté qui a existé entre les parties doit être réglée et liquidée d'après leurs communes intentions, et il y a lieu dès lors d'en opérer la liquidation et le partage, conformément au pacte social, s'il est établi que cette communauté n'en a été que l'exécution pure et simple (Code commerce, 42, 1).

Ainsi, les apports de chacune des parties doivent aussi bien que les valeurs acquises en commun, être compris dans l'actif à partager, suivant les bases déterminées par l'acte de Société, et non pas repris en nature, s'il résulte de l'appréciation donnée au pacte social que les parties ont entendu en fait se considérer comme co-propriétaires de leurs apports et prendre ainsi à leurs profits ou risques, les éventualités d'amélioration ou de dépréciation qui pourraient survenir durant leur communauté.

COUR DE CASSATION

20 Janvier 1875

Société de fait — Liquidation

S. 75. 1. 68. Les jugements appelés à décider s'il y avait lieu de procéder à une distribution de deniers entre les co-intéressés dans la liquidation d'une Société de fait, peuvent examiner l'état de cette liquidation et les éventualités de réclamation de la part des créanciers n'ayant point encore agi ; conclure de ce double examen que la distribution des deniers proposés est opportun ; l'ordonner et en fixer la mesure.

Les juges ne font ainsi qu'user de leur droit souverain de constater et d'apprécier les faits sans excéder leurs pouvoirs, ni violer aucune loi.

Un arrêt peut sans violer l'autorité de la chose jugée, retrancher du solde débiteur, du compte du liquidateur fixé par un précédent arrêt, soit une somme représentant des payements effectués par le liquidateur depuis l'époque de cette fixation, soit une somme correspondant à des créances portées dans le compte comme valeurs à recouvrer mais qui n'ont pu être touchées malgré toutes les diligences du liquidateur.

Un débiteur de la Société sans droit sur son actif, n'a ni intérêt ni qualité pour discuter la composition et l'emploi de l'actif lors de la liquidation.

COUR DE CASSATION

7 Juillet 1879

SOCIÉTÉ DE FAIT — NULLITÉ — LIQUIDATION

S. 80 1, 206. D.P. 80, 1, 123. 1° *La nullité d'une société licite dans son objet laisse subsister pour le passé entre les associés une communauté d'intérêts qui exige une liquidation* (1).

2° Et cette liquidation doit se faire d'après les principes généraux du droit et des dispositions des statuts conformes à ses principes (2) Code civil, 1833-1847-1872.

ARRÊT

La Cour,

Sur le moyen unique du moyen tiré de la fausse application de l'article 1847 C. c. et de l'article 5 de l'acte de société ayant existé entre les parties . . . .

Attendu que l'arrêt attaqué en faisant droit aux conclusions de G. a ordonné que C. rendrait compte de ses opérations clandestines ; que l'arrêt a déclaré que l'article 5 de l'acte social, et l'art. 1847 c. civ. étaient applicables à ce réglement, ajoutant que ces textes, ne fussent-ils pas applicables, la liquidation de la communauté de fait qui avait existé entre les deux associés

---

S. 80, 1, 206. (1) Solution conforme à la jurisprudence. Cassation 20 janvier 1875 (S., 1875, I, 68); P., 1875, p. 144 et la note. — 15 novembre 1876 (S., 1877, I. 407); P., 1877, n. 1085.

(2) La jurisprudence décide que la liquidation d'une société de fait doit se faire en général d'après les stipulations du pacte social (v. cassation, 22 novembre 1869, S., 1870, I, 55) P., 1870, 123 et la note. Adde. MM. Alauzet, commentaire, Code com., 3e éd., T. II, n 820, 840. Lyon, Caen, *Précis de droit com.* n° 313. Vavasseur, *Traité des Sociétés civ. et com.* T. I, n° 253. Pont, *Traité des Sociétés civ. et com.* T. II, n° 1263 .

devait se faire *æquo et bono* et que par conséquent il y avait lieu à partage de tous les gains quelconques de l'industrie commune réalisés par C.

Attendu que nonobstant l'annulation de la Société, la communauté d'intérêts qui était née de l'existence en fait de cette Société, licite dans son objet. et créée par la libre volonté des parties, exigeait une liquidation qui ne pouvait se faire que d'après les principes généraux du droit; que ces principes, quant au compte à rendre par C. se tiraient de l'article 1847 C. c. et que l'article 5 du pacte social était conforme à cette disposition de loi; qu'en conséquence, comme il l'a fait, l'arrêt attaqué n'a pu violer les textes visés dans le pourvoi.

Rejette, etc. . . . .

Chambre des requêtes. MM. Bédarrides, président; Bécot, rapp.; Robinet de Cléry, avocat général (concl. conf.); Debrou, avocat (2).

DOCTRINE

Extrait de Paul Pont (conseiller à la Cour de cassation), *Sociétés civiles et commerciales*, tome II, pages 335, 336 et suivantes.

1264. — Une solution est dominante en doctrine et en jurisprudence, c'est que, quant au passé, la Société annulée est réputée simplement dissoute, en sorte que la liquidation et le partage, qui sont la conséquence nécessaire de la dissolution,

---

(2) L'arrêt ci-dessus rapporté est-il contraire à la jurisprudence? Non, cet arrêt juge il est vrai que « la liquidation ne pourrait se faire que d'après les principes généraux de droit », cela est bien jugé dans l'espèce. De quoi s'agissait-il? De savoir si l'un des associés avait une action contre l'autre à raison d'opérations faites par celui-ci avec un tiers, contrairement à ses obligations d'associé résultant de l'article 1847, et contrairement aux stipulations du pacte social.

La Société n'ayant pas été publiée était nulle. Mais elle avait eu une existence de fait entre les associés jusqu'à son annulation. La liquidation devait être faite entre les associés dans les mêmes conditions que si la Société avait régulièrement été constituée. Or, supposons que la Société ait été régulièrement constituée, l'un des associés n'aurait pu sans contrevenir à la fois à la loi et aux statuts, se livrer avec un tiers à des opérations de même nature que celles faisant l'objet de la Société, et son co-associé aurait eu le droit de lui demander compte de ces opérations. Il faut décider de même, nonobstant l'annulation de la Société.

D.P. 80. 1, 123. *Tous les auteurs et tous les arrêts admettent que la Société dont la nullité a été prononcée doit être considérée comme ayant eu une existence de fait rendant nécessaire la liquidation des rapports ayant existé entre les associés* (jurisprudence gén. v. S., n° 871. Paris, 26 janvier 1855. D. P., 55. 2., 195). Paul Pont, com. traité des Sociétés civ. et com. T. II; n° 1263.

L'arrêt ci-dessus reproduit, confirme cette jurisprudence, mais il ne

doivent être opérés conformément aux stipulations de l'acte constitutif. C'était admis même pour certaines associations illicites..... La jurisprudence ne pouvait pas faire moins pour des Sociétés parfaitement licites dans leur cause comme dans leur objet....,. Aussi les tribunaux n'ont-ils pas hésité à reconnaître que « la nullité ne peut empêcher qu'il ait existé pour le passé « une communauté d'intérêts licite en elle-même, créée par la « libre volonté des parties, qui doit se régler et se liquider en « prenant pour base leur commune intention, laquelle n'est et « ne peut être que celle exprimée par le pacte social, dont la « communauté a été en définitive, l'exécution pure et simple(1)».

Ainsi, dès qu'il est admis que la nullité..... n'a pas d'effet rétroactif et que si elle fait obstacle à la continuation de la Société

---

tranche pas en terme exprès la question de savoir sur quelle base doit se faire la liquidation.

D'après une jurisprudence constante, la liquidation doit être réglée conformément aux clauses de l'acte de société (D. P., 62, I, 408. Angers, 2 août 1865. D. P., 66, II, 189. Paris, 8 juillet 1870. D. P., 70, I, 327. Lyon, 27 juillet 1871. D. P., 71, II, 141. Paul Pont, opinions citées, n° 863. Vavasseur, traité des sociétés civiles et commerciales, 2e éd., T. I, 253. Alauzet, com. 4, C. com., 3e éd., T. II, n° 819, 640; Rousseau, Sociétés civiles et com., T. I. n° 206 et suivants. Lyon, Caen et Esnault, précis du droit com. n° 313, etc.

Les effets de la nullité entre les associés sont donc les mêmes que s'il y avait eu une simple dissolution de la Société, et la Cour de cassation en a déduit cette conséquence qu'après la dissolution de la Société, la nullité n'en peut plus être demandée, parce que la nullité, si elle était prononcée ne produirait pas d'autre effet que la dissolution. S., req., 7 juillet 1873, D. P., 73, I, 327.

Ainsi dans l'état actuel de la jurisprudence, le règlement des apports ayant existé entre les membres d'une société annulée doit avoir lieu conformément aux statuts, abstraction faite des dispositions du droit commun en matière de société, à moins toutefois que les clauses des statuts ne soient illicites.

La rédaction de l'arrêt de la Chambre des requêtes ci-dessus rapporté pourrait faire naître quelques doutes sur les principes qui ont dicté sa décision, et il semblerait en résulter que la liquidation ne pourrait se faire que d'après le droit commun ; mais dans l'espèce, la clause ou pacte social qui s'appliquait au fait litigieux était identique aux dispositions du droit commun. Les termes employés par l'arrêt n'indiquent donc pas un changement à la jurisprudence.

Ainsi, la nullité déclarée est en réalité l'équivalent d'une dissolution ; la suite et les effets doivent donc être exactement les mêmes que s'il s'agissait de la dissolution d'une société régulièrement formée et arrivée régulièrement à son terme.

(1) Ce sont les expressions de l'arrêt de la cour de Paris, dont la décision a été maintenue par l'arrêt des requêtes du 7 juillet 1873; Voy. en ce sens les arrêts de la Cour de cassation des 31 décembre 1844, 16 mars 1852, 16 mars 1859, 19 mars 1862, 29 nov. 1869 (Dall., 45, I, 75 ; 62, I, 408 ; 70, I, 205; S.-V., 52, I, 336 ; 60, I, 889; 62, I, 825; *J. Pal.*, 1862, p. 1086). Paris, 26 janvier 1855 ; Lyon, 27 juillet 1871 (Dall., 55, II, 195 ; 71, II, 141).

elle n'empêche pas qu'il ait existé dans le passé, une communauté de fait, une association dont les opérations ne doivent être réglées et liquidées entre les associés conformément aux stipulations du pacte désormais annulé, il n'y a pas de motif pour ne pas assigner les mêmes conséquences à la nullité résultant de l'in-accomplissement de quelqu'une des conditions intrinsèques.

Concluons donc qu'en toute hypothèse, les associés entre eux sont liés par le contrat quant aux opérations accomplies jusqu'au jour où l'annulation en est prononcée.

1265.— Quelle que soit la cause de la nullité, dès que la Société a fonctionné, que des actes ont été accomplis en son nom, que des intérêts sont nés de son fonctionnement même, il y a lieu de liquider tout ce passé et de prendre pour base de la liquidation toutes les stipulations du pacte social, sauf bien entendu, celles qui seraient contraires à la loi ou illicites, et qui, par ce motif, devaient être laissés à l'écart. C'est que dans les rapports des associés entr'eux, la Société annulée pour inaccomplissement des conditions constitutives, soit de forme. soit de fond est à considérer en général comme ayant existé valablement jusqu'au jour où la nullité a été prononcée.

APPLICATION

DE CETTE

JURISPRUDENCE

A LA GIRONDE

AU CRÉDIT MILITAIRE

ET A LA FRATERNELLE

JURISPRUDENCE

TRIBUNAL CIVIL D'ORANGE

JUSTICE DE PAIX DE VALRÉAS (*Vaucluse*)

AUDIENCE DU 26 JUILLET 1876

MOTIFS ET DISPOSITIF

En la cause :

Entre M. E. Roques, jeune, etc. . . . .

Et Jean-François Cantala, sociétaire du *Crédit Militaire*.

Sur les conclusions respectives des parties :

Nous Juge de Paix statuant par jugement contradictoire.

Attendu que Henri Mortier de Valréas, seul et unique héritier de Louis Mortier, son frère, décédé à Valréas le 12 avril 1868, a cédé au sieur Joseph Cransac, propriétaire à Toulouse, le titre de la Société le Crédit Militaire, ensemble tout le portefeuille pouvant composer la direction de Valréas et la succursale de Rodez, sans aucune exception ni réserve, suivant acte reçu par Me Bonnet, notaire à Valréas, le 2 juin 1868 ; que par autre acte de dépôt retenu par Me Lozes, notaire à Toulouse, le 27 avril 1875, le sieur Zéphirin Manadé, arbitre de commerce à Toulouse, agissant en qualité de syndic de l'union des créanciers de la faillite Cransac, et avec l'autorisation du Juge commissaire de la faillite, a vendu, cédé et transporté au sieur Emile Roques, le titre de ladite Société ainsi que tout le portefeuille dont Cransac était en possession.

Attendu qu'aux termes de l'art. 35 des statuts du Crédit Militaire, toutes contestations qui pourraient s'élever à l'occasion desdits statuts, seront jugées par des arbitres amiables ou par les Tribunaux compétents de l'arrondissement d'Orange dans lequel se trouve le siége de la Société.

Attendu que le défendeur Cantala, a souscrit à ladite Société pour l'exonération de son fils Jean Victor, faisant partie de la classe 1873, une police d'assurance en 1865, sous la condition de se conformer tant à ladite police qu'aux statuts de la Société le Crédit Militaire; que par l'art. 26 § 2 des dits statuts, le souscripteur s'était engagé à payer le cinq pour cent du montant des sommes souscrites pour couvrir ledit Mortier, directeur, des frais de liquidation et généralement tous les frais généraux ; que par conséquent les quarante et un francs onze centimes réclamés par Roques étaient exclusivement dûs à Mortier, et par suite au demandeur.

Attendu que tout en contestant la validité de sa police d'assurance susdatée, le défendeur Cantala ne produit aucun motif à l'appui de ses prétentions ; qu'il n'y a donc pas lieu de s'arrêter à cette exception.

Attendu que le juge de l'action est le juge de l'exception pourvu que comme dans l'espèce, sa décision ne puisse avoir l'effet de la chose jugée que jusqu'à concurrence de la somme dont il est compétent.

En ce qui concerne la demande reconventionnelle,

Attendu que l'admission de la demande principale, en est la réfutation nécessaire.

Attendu enfin que la partie qui succombe, doit être condamnée aux dépens.

Par ces motifs, ... sans nous arrêter à la demande formée reconventionnellement par ledit Jean-François Cantala,

Condamnons ce dernier à payer à Emile Roques en sa qualité susdite, la somme de 41 fr. 11 montant des droits de 5 0|0 de la somme souscrite stipulée en faveur de Mortier par l'art. 26 des statuts § 2 du *Crédit Militaire*, et ce, avec intérêts de droit; etc.

APPEL CANTALA

EXTRAIT DU JUGEMENT
DU TRIBUNAL CIVIL D'ORANGE *(15 mars 1878)*

Attendu qu'à la date du 26 juillet 1876, le sieur Roques, agissant comme cessionnaire des droits de Mortier jeune, directeur de l'association du Crédit Militaire, a obtenu de M. le Juge de paix du canton de Valréas, un jugement par lequel le sieur Cantala, souscripteur pour la classe 1873. a été condamné à payer audit Roques, ès-qualité, la somme de 41 fr. 11, montant du droit de 5 0|0 de la somme souscrite par lui en faveur de Mortier, directeur de l'Association.

Que par exploit du 11 janvier dernier, Cantala a interjeté appel du jugement ci-dessus et qu'il soutient que le Juge de paix de Valréas, a mal à-propos jugé, étant incompétent *rationae personæ et rationæ materiæ.*

Sur la question d'incompétence *rationæ personæ.*

Attendu qu'aux termes de l'article 4 des Statuts, le siége de la Société est à Valréas (Vaucluse) qu'il résulte des dispositions de l'article 35, que toutes contestations qui pourraient s'élever à l'occasion de l'exécution des Statuts, seront jugées par des arbitres amiables, ou par les Tribunaux compétents de l'arrondissement d'Orange;

Que Cantala, en souscrivant la convention verbale du 2 août 1865, a accepté par cela même la compétence des Tribunaux de l'arrondissement d'Orange, c'est-à-dire suivant la nature de la demande du Juge de paix de Valréas ou du Tribunal d'Orange, que lui seul aurait pu notifier au directeur un changement de domicile élu, ce qu'il n'a pas fait (art 5);

Que la question, du reste, a déjà été tranchée par un jugement du Tribunal de céans, passé en force de chose jugée à la date du 16 juin 1876;

Que c'est donc à bon droit que le Juge de paix de Valréas s'est déclaré compétent.

Sur la question d'incompétence *rationæ materiæ.*

Attendu qu'aux termes de l'article premier de la loi du 25 mai 1838, le Juge de paix connaît de toutes les actions purement personnelles et mobilières, en dernier ressort, jusqu'à la valeur de 100 francs, en premier ressort, jusqu'à 200 francs ; que dans ces limites, il est le juge de l'action et le juge de l'exception ; qu'il est compétent sur toutes les questions qui s'y renferment.

. . . .

Attendu au surplus qu'il résulte des motifs du jugement attaqué que la somme réclamée représente les frais généraux alloués au directeur d'après l'article 26 des Statuts ; qu'aux termes dudit article « *les droits ci-dessus sont acquis au directeur* « *quoiqu'il arrive pour le couvrir des déboursés faits par eux* ; ils sont « acquittés en souscrivant, néanmoins, il peut être accordé des « délais. »

Qu'il en résulte que les frais généraux sont dus aussi bien que la commission, quelque soit le sort du contrat, puisqu'ils doivent être payés en souscrivant ; que le Juge de paix par suite n'a préjugé pas plus le fond en allouant la somme réclamée que Cantala en payant à une époque antérieure les droits de commission ;

Qu'à tous les points de vue le jugement doit être confirmé ;

Attendu que la partie qui succombe doit supporter les dépens ;

Par ces motifs, le Tribunal,

Ouï, le ministère public en ses conclusions, vidant pour délibéré et statuant en dernier ressort,

Reçoit Cantala appelant du jugement du Juge de paix de Valréas, en date du 26 juillet 1876,

Et statuant sur l'appel, confirme ledit jugement.

Condamne l'appelant aux dépens et à l'amende, etc.

EXTRAIT DU JUGEMENT DE LA 5e JUSTICE DE PAIX DE BORDEAUX

AUDIENCE DU 27 AVRIL 1880

En la cause de :

1° M. Emile Roques jeune, liquidateur de *La Gironde* pour l'Association de la classe 1878 ;

2° Et le sieur Jean Lassus, sociétaire de *La Gironde* à l'Association de la classe 1878 ;

Nous, Juge de paix, statuant par jugement contradictoire ;

Attendu qu'aux termes d'une police en date du 28 mai 1870, enregistrée à Toulouse le 31 janvier 1882, f° 61 v° c^e^ 6 par M. le receveur qui a perçu les droits, le défendeur Lassus a déclaré adhérer aux Statuts de la Société et souscrire sur la tête de son fils Michel Nelson, né le 29 septembre 1858, devant faire partie de la classe 1878, pour une somme de 840 francs, et à payer comptant 66 francs pour frais d'administration, coût de police et timbre ;

Attendu qu'aux termes de l'article 28 de cette police, l'administrateur général a été autorisé à prélever, pour chaque souscription, indépendamment des 66 francs dont il vient d'être question, 5 0/0 sur les sommes souscrites, *et qu'il est stipulé* audit article *que ces droits sont acquis à l'administration* QUOI QU'IL ARRIVE, pour la couvrir de ses débours de loyer, correspondance, traitement des employés, publicité, inspection de gestion. etc ; . . . .

Attendu, *qu'il est constant en fait, que plus tard, et en 1879, par délibération des associés de la Compagnie* La Gironde, *les Statuts de cette Société ont été modifiés, et que le 5 0/0 alloué pour les frais généralement quelconques, a été porté à 10 0/0 que chaque sociétaire devra payer, pour sa part et portion, comme charges sociales* ;

Attendu que Lassus, défendeur, a eu connaissance de ces modifications, ainsi qu'il résulte de sa correspondance ;

Attendu que le refus de Lassus, d'acquitter sa part contributive aux dépenses de la Société, a évidemment causé un préjudice au liquidateur, d'où il suit qu'il y a lieu à dommages-intérêts ;

Attendu que c'est en vain que le mandataire de Lassus a essayé pour éluder le paiement des sommes qui lui sont réclamées, de soutenir que son mandant a cru que la loi de 1872, sur le service militaire, a rendu nulle l'association *La Gironde*, et que son mandant a ignoré complètement les modifications apportées à la Société ;

Que le contraire résulte de la correspondance sus-énoncée ;

Attendu que les frais sont à la charge de celui qui succombe ;

Par ces motifs,

Le Tribunal statuant en premier ressort, condamne Lassus à payer à Roques, ès-dites qualités :

1° La somme de 84 francs représentant le 10 0/0 de la somme de 840 francs montant de la souscription prise par le sieur Lassus, à l'association de la classe 1878 ;

2° Celle de 30 francs à titre de dommages-intérêts ;

3° Le condamne aux intérêts des dites sommes à partir du jour de la demande et aux frais.

Ainsi jugé et prononcé à Bordeaux en audience publique, etc.

EXTRAIT DU JUGEMENT

RENDU PAR LE TRIBUNAL DE PAIX DU CANTON NORD DE TOULOUSE

le 11 Janvier 1878

En la cause des sieurs : 1° Joseph-Louis Mounié, propriétaire à Divajeux (Drôme) ; 2° Jean Clément, ancien maître de pension, maire de la commune de Vieux-Mareuil (Dordogne) ; 3° François Maury, domicilié à Montlaur (Aveyron) ; Roumiguières François, propriétaire domicilié à Saint Martin-Laguépie (Tarn) ; 5° Bard, Jean-Jacques, propriétaire à Lamastre (Ardèche) ;

Tous les susnommés agissant solidairement et conjointement dans un intérêt commun et indivis, en qualité de membres de l'Association dite *Le Crédit Militaire* pour la classe 1875 qui avait en vue l'assurance du tirage au sort, et comme seuls ayant droit aux mises des associés libérés de cette classe, de la première partie du contingent par suite de l'accomplissement rigoureux des obligations de toute nature qui leur avaient été imposées par les Statuts ;

Et enfin du sieur Emile Roques, agissant tant en qualité de liquidateur de ladite Société, qu'en qualité de cessionnaire des droits acquis aux sieurs Mortier et Cransac, anciens directeurs du *Crédit Militaire* suivant acte sous seing-privé du 6 janvier 1875, déposé aux minutes de Me Lozes, notaire à Toulouse, par acte sous-seing privé sous sa date, le sieur Emile Roques, agissant conjointement avec les sus-nommés ;

D'une part,

Contre le sieur Coubes, Quentin, etc., ...

D'autre part,

Le Tribunal : Attendu qu'il résulte des explications fournies à l'audience pour le dit M. Roques, et conformes à l'annoncé de la citation, que le sieur Coubes est débiteur envers la Société représentée par les demandeurs, de la somme de 44 fr. 83, que c'est donc le cas de prononcer contre lui la condamnation requise,

Attendu que la partie qui succombe doit aussi être condamnée aux depens.

Par ces motifs,

Le Tribunal jugeant en dernier resort. . . . .
a condamné et condamne le sieur Coubes à payer aux demandeurs plus haut désignés, la somme de quarante-quatre francs quatre-vingt-trois centimes, représentant le 4 0/0 du montant de la souscription par lui consentie au *Crédit Militaire* le 20 décembre 1863, et formant les frais d'administration dûs à la classe 1878 du *Crédit Militaire*, avec intérêt à partir du jour de la demande, etc.

Le condamne en outre aux dépens. . . . .

LA FRATERNELLE

SOCIÉTÉ CIVILE DE CAPITAUX DE PRÉVOYANCE

PAIEMENT DE FRAIS D'ADMINISTRATION

JUGEMENT (Extrait)

JUSTICE DE PAIX DU 16e ARRONDISSEMENT DE PARIS

AUDIENCES DES 17 OCTOBRE 1880 ET 4 FÉVRIER 1881

Entre le sieur Vignes, souscripteur-sociétaire de *La Fraternelle*,

Et le sieur Roques, administrateur de ladite Société,

Le Tribunal, après avoir entendu les parties en leur demande, défenses et conclusions respectives,

Attendu qu'il est articulé et non dénié que Vignes est débiteur de la Société *La Fraternelle* de la somme de 134 fr. en déduction d'une assurance sur la vie contractée par le défendeur au profit de son fils Jules et de sa fille Hortense, devant venir à échéance en 1886 et 1888 (Jugement 17 déc. 1880);

Attendu que l'opposition formée par Vignes au jugement de défaut du 17 décembre 1880 est régulière dans la forme, le reçoit opposant audit jugement,

Au fond, attendu qu'en défense de la demande de Roques ès-nom qu'il agit, Vignes allègue que la Société *La Fraternelle* n'a jamais existé, et qu'en outre même des Statuts de la Société, Vignes ne saurait être tenu au paiement des frais qui lui sont demandés; *Attendu qu'il n'est pas justifié d'aucune demande de nullité de la Société pouvant motiver un sursis de la part du Tribunal*, qu'il n'y a même de ce chef qu'une allégation, et qu'en cet état l'opposition formée par Vignes au jugement par défaut ne saurait être accueillie.

Par ces motis, déclare Vignes non recevable dans son opposition, l'en déboute ; ordonne que le jugement par défaut du 17 décembre 1880, recevra pleine et entière exécution, et condamne Vignes aux dépens.

JUSTICE DE PAIX DE VALRÉAS (VAUCLUSE)

AUDIENCE DU 7 JANVIER 1880

JUGEMENT (extrait)

En la cause de :

1° Emile Roques jeune, cessionnaire des droits acquis aux sieurs Mortier et Crausac, anciens directeurs du *Crédit Militaire* et liquidateur du *Crédit Militaire* pour l'association de la classe 1878 ;

2° Et Baptiste Barel, sociétaire débiteur du *Crédit Militaire* de la classe 1878,

MOTIFS ET DISPOSITIF

Nous, Juge de paix, statuant par jugement contradictoire.

Attendu que le 7 août 1885, le sieur Barel père aurait souscrit à la Compagnie d'assurances mutuelles, *Le Crédit Militaire*, au profit de son fils Barel, Benoît, devant faire partie de la classe 1878, une prime de 400 fr. payable le 5 janvier 1879, avec la faculté de conserver son capital et de n'en verser que les intérêts à raison de 5 0/0, s'élevant à 20 fr. par an, suivant police d'assurance, enregistrée à Toulouse le 20 novembre 1879, f° 79, V° C°, 2, par le receveur qui a perçu les droits ;

Attendu que par la même police, Barel s'est obligé (art. 3 et 4) à payer le montant de 66 fr. pour frais de commission, ce qu'il a payé comptant ; qu'il s'est obligé en outre à l'exécution des conditions contenues dans les Statuts, dont lecture lui a été faite et dont il a reçu un exemplaire ;

Attendu que pour repousser la demande de Roques Barel pretend : 1° que le droit de 66 fr. qu'il a payé est le seul droit auquel il se soit engagé en souscrivant sa police ; 2° que le droit de 5 0/0 stipulé par l'article 26, § 2, pour couvrir la direction de ses frais de liquidation, tournées de tirage et de révision ne saurait être mis à sa charge, puisque son fils s'est trouvé dans un cas d'exemption légale, prévu par l'article 17 desdits statuts ; que par conséquent sa souscription a dû être considérée comme nulle de plein droit et n'a occasionné aucun frais à la direction ; que d'ailleurs cette souscription étant devenue nulle, doit être considérée comme n'ayant jamais existé et ne pouvait dès lors être grevée d'aucune charge ; 3° qu'en admettant que le sieur Roques ait le droit de réclamer le 5 0/0, ce prelèvement ne pourra être fait que sur l'ensemble des sommes à répartir et non sur chaque souscription individuelle ;

Attendu que l'article 26 des Statuts porte « la direction aura droit : 1° à une commission portée au tarif, laquelle n'est autre que celle de soixante six francs, acquittée par Barel en souscrivant ; 2° à 5 0/0 des sommes souscrites pour la couvrir des frais de liquidation, tournées de tirage et de révision et généralement tous les frais généraux.

Qu'il est stipulé par le même article que ces deux droits sont dus à la direction, QUOI QU'IL ARRIVE, *pour la couvrir de ses déboursés ;*

Attendu qu'en souscrivant sa police, le défendeur s'est obligé à l'exécution des conditions contenues dans les Statuts dont il a reçu un exemplaire ;

Attendu que Barel excipe vainement de l'exemption de son fils, pour refuser à la direction le 5 0/0 de sa souscription que la liquidation lui réclame, qu'en effet, si cette prétention, était admise, il pourrait se produire certains cas où tous les associés à une même classe se trouvant légalement exemptés, la direction ne pourrait rien retirer pour s'indemniser des déboursés qu'elle aurait faits pour la liquidation de cette classe ;

Attendu que suivant délibération en date du 13 février 1879, prise par les associés de la classe 1878, en vertu des articles 30 et suivants des Statuts, et au besoin de l'article 1859 du Code civil, M. Roques a été expressement autorisé à réclamer individuellement à tous les souscripteurs de l'Associaton les frais d'administration et autres avances par lui faites ; que par conséquent Barel n'est nullement fondé à prétendre que le droit de 5 0/0 doit être prelevé sur l'ensemble des sommes à repartir, et non sur chaque souscription individuellement ;

Attendu que par suite du refus de Barel de remplir son engagement, Roques a avancé des frais et éprouvé certains dommages dont il doit être indemnisé ;

Attendu, enfin, que la partie qui succombe doit être condamnée aux dépens ;

Par ces motifs,
Statuant contradictoirement. . . . .

Condamnons le sieur Barel à payer à E. Roques, en sa qualité sus-dite :

1° La somme de 32 fr. 10 représentant le 5 0/0 des 762 fr. 84, montant de la souscription prise par lui à l'association de la classe 1878 ;

2° Celle de 12 fr. 35, montant des frais de prôtet et de retour du mandat tiré pour le recouvrement de ladite somme ;

3° Celle de 25 fr. pour dommages-intérêts, pour le retard mis pour le sieur Barel à remplir son engagement,

Le condamnons en outre aux dépens.

Ainsi jugé, etc., etc. . . . .

JUSTICE DE PAIX DE CARPENTRAS

AUDIENCE DU 22 AVRIL 1881

JUGEMENT (extrait)

En la cause de :

1° Emile Roques jeune, liquidateur de *La Gironde* pour l'association de la classe 1878 ;

2° Et le sieur Gros, François, sociétaire de *La Gironde* à l'association de la classe 1878.

Attendu qu'aux termes d'un acte sous-seing privé du 11 octobre 1878, François Gros a souscrit à la Société d'assurance mutuelle contre les chances du tirage au sort *La Gironde*, au profit de son fils Léon-Pierre Gros, faisant partie de la classe

1878, une somme de 800 fr., payable un mois avant le tirage au sort.

Considérant que Gros s'est engagé dans le service militaire pour cinq ans, et qu'aux termes des Statuts de *La Gironde*, parfaitement connus de Gros père, et auxquels il a déclaré adhérer en signant sa police, l'engagement de Gros fils a annulé cette police et la souscription qu'elle contenait, en laissant Gros père débiteur seulement d'une somme de 100 fr. (art. 9), plus d'une somme de 60 fr. pour frais d'administration et d'une somme de 40 fr. formant le 5 0/0 de la somme souscrite (art. 27);

Considérant que Gros père se refuse au paiemeut de cette somme, en prétendant que la loi du 27 juillet 1872 a aboli le remplacement militaire; qu'en force de cette loi la Société *La Gironde* est dissoute et la souscription Gros annulée comme n'ayant, les dites Société et souscription, ni raison ni objet;

Considérant que la Société « La Gironde » n'avait pas pour objet de remplacer l'assuré du service militaire, mais bien de créer à son profit des ressources pécuniaires qu'il pouvait employer, soit à se faire remplacer, soit à soutenir sa famille, soit à se procurer des ressources pour lui-même pendant et après son service ;

Considérant que si la loi du 27 juillet 1872 a aboli le remplacement militaire, elle a cependant conservé les chances aléatoires du tirage au sort et de répartition des conscrits en diverses parties du contingent, qu'elle a conservé les cas d'exemption et de réforme, et établi le volontariat d'un an;

Que dès lors on ne saurait admettre que la souscription de Gros et la Société *La Gironde* n'aient plus, depuis la promulgation de cette loi, ni cause ni objet;

Considérant, de plus, que l'article 24 des Statuts de *La Gironde*, prévoyant le cas de modification à apporter à ces mêmes Statuts indique et prescrit le mode à suivre, et dès lors permet et autorise ces modifications;

Considérant qu'en exécution des termes de cet article et conformément à l'esprit qui a présidé à l'établissement de *La Gironde*, l'assemblée générale des membres de cette Société, faisant partie de l'association pour la classe 1878, régulièrement convoquée, a adopté ces modifications, ayant pour but de remettre les conditions de l'association et les droits des associés en rapport avec la nouvelle loi sur le recrutement;

Considérant que ces délibérations et modifications ont eu pour but et pour effet de faire disparaître toute équivoque et tout malentendu au sujet de la cause et de l'effet, eu même temps que l'objet de la société « La Gironde » et de la continuation de son existence;

Considérant que c'est donc à tort que Gros, pour se soustraire à l'exéution de ses engagements, prétend que l'association n'a plus de raison d'être et n'existe plus, qu'il doit au contraire être reconnu débiteur des sommes à lui réclamées ;

Que la demande de Roques et consorts est ainsi fondée et justifiée ;

Par ces motifs,

Condamnons Gros à Payer à Roques, en sa qualite de liquidateur de *La Gironde*, la somme de.. .. etc., etc. . . . .

NOTA. — Décision conforme à une jurisprudence acquise, qui règle la matière, savoir : Arrêts de la Cour d'Appel de Paris, des 30 nov. 1842, 26 janv., 11 fév., 23 fév. 1843 ; 1er fév. 1858, 10 mai 1860 ; 16 janv. 1861 ; 27 mars 1862. Tribunal de Montpellier, 5 août 1855. Cour d'Orléans, 21 juillet 1859 ; 22 déc. 1860. Cour de Cassation, 9 fév. 1859 ; 13 mai 1862, 15 nov. 1876 ; 20 janvier 1875 ; 7 juillet 1879.

TRIBUNAL CIVIL DE LA SEINE

(9me Justice de paix de Paris)

AUDIENCE DU 16 MARS 1883

JUGEMENT (extrait)

En la cause de E. Roques, administrateur-statutaire de la Société *La Fraternelle*, demandeur d'une part,

Et Paul Pagès, boucher à Pousthomy (Aveyron), sociétaire-débiteur, défendeur, d'autre part.

Suivant exploit du 12 février 1883, E. Roques en sa qualité a fait citer le sieur Pagès, à comparaître le 9 mars 1883, devant et à l'audience de M. le Juge de paix de IXe arrondissement de Paris, pour le faire condamner à lui payer, ès-qualité, le montant des frais d'administration stipulés aux deux polices d'engagement souscrites par Pagès le 19 mars 1875 (art. 43 des Statuts) avec intérêts et accessoires.

La cause appelée à ladite audience fut remise au 16 mars pour le prononcé du jugement.

Le demandeur a conclu à l'adjudication des conclusions contenues en la citation.

Et le défendeur à ce qu'il plut au Tribunal :

Se déclarer incompétent; en conséquence, déclarer la demande non recevable avec dépens.

Le Tribunal,

Ouï les mandataires des parties en leurs conclusions :

Attendu qu'il résulte des débats et des documents produits, que la demande n'est justifiée et fondée que jusqu'à concurrence de 99 fr. 35 ;

Statuant en premier ressort, condamnons le sieur Pagès à payer au sieur Roques en sa dite qualité la somme susdite de 99 fr. 35, composée de : etc.

Condamnons, en outre, le défendeur aux intérêts de ladite somme et aux dépens.

LA FRATERNELLE et LE CRÉDIT MILITAIRE

Condamnation en paiement des frais de liquidation

TRIBUNAL CIVIL D'ORANGE

JUSTICE DE PAIX DE VALRÉAS (VAUCLUSE)

Audience du 22 février 1882

JUGEMENT (extrait)

En la cause de :

1° E. Roques, liquidateur et autres consorts,
Contre Prosper Tinsaud, sociétaire débiteur.

MOTIFS ET DISPOSITIF

Nous, Juge de paix, statuant par jugement contradictoire,

Attendu que le 19 janvier 1867, le sieur Tinsaud aurait souscrit à la Société d'assurances mutuelles, le *Crédit Militaire*, au profit de son fils Jean-Emile Tinsaud devant faire partie de la classe 1880, une assurance de 769 fr. 50 suivant police enregistrée à Paris le 25 août 1880, f° 47, c° 5, reçu 3 fr. 75 par M. le receveur qui a perçu les droits ;

Attendu que par la même police Tinsaud s'est engagé, articles 3 et 4, à payer les droits de commission, s'élevant à 70 francs y compris les frais de police et de timbre ; ce qu'il a exécuté comptant ; qu'il s'est obligé, en outre, à l'exécution des conditions contenues dans les Statuts dont lecture lui a été faite et dont il a reçu un exemplaire ;

Attendu que pour repousser la demande de Roques le défendeur prétend que le droit de commission qu'il a acquitté en souscrivant est le seul auquel il était engagé par sa police

Mais attendu que l'article 26 porte : La direction aura droit : 1° à une commission portée au tarif, laquelle n'est autre que celle de 66 francs acquittée par Tinsaud en souscrivant ; 2° à 5 0/0 des sommes souscrites pour la couvrir des frais de liquidation, tournées de tirage et de revision et généralement tous les frais généraux ;

Attendu que par suite des modifications apportées dans les Statuts du Crédit Militaire suivant délibération des associés de la classe 1880 à laquelle appartenait le fils du défendeur en date du 6 août 1880, enregistrée à Toulouse le même jour f° 96, c° 5 par M. le receveur qui a perçu les droits, délibération dont il nous a été montré un exemplaire, *le liquidateur de ladite association est autorisé à poursuivre le recouvrement des frais d'administration stipulés par les Statuts du Crédit Militaire ou de La Fraternelle ;*

Attendu qu'un exemplaire de ladite délibération a été adressé à chaque souscripteur ainsi que les Statuts en faisaient un devoir à la direction ;

Attendu qu'aux termes de l'article 43 des Statuts de *La Fraternelle* le liquidateur aura droit à 10 0/0 sur la totalité des souscriptions calculées au moment de la liquidation ;

Attendu que Tinsaud sous prétexte que la loi du 27 juillet 1872 ayant aboli le remplacement militaire soutient que l'engagement contracté par lui à l'association de la classe 1880 est nul et sans objet, qu'il se refuse au paiement de la somme qui lui est réclamée ;

Attendu qu'il s'agit, dans l'espèce, d'une Société en participation dont les Statuts et les conditions ont été volontairement consentis par tous les sociétaires, que lesdites conditions ne sauraient donc être annulées ou même modifiées que par ces derniers en Assemblée générale ; que, dans tous les cas, les frais de gestion faits dans un intérêt commun n'en resteraient pas moins dûs par les sociétaires ;

Attendu que les frais de recouvrement et de protêt ne sont qu'un accessoire de la demande ; qu'ils doivent par conséquent subir le même sort ;

Attendu que celui qui succombe doit être condamné aux dépens,

Par ces motifs,

Condamnons ledit Tinsaud à payer à Emile Roques, en sa

qualité de liquidateur du *Crédit Militaire* et de *La Fraternelle :* 1° la somme de 76 f. 85 représentant le 10 0/0 du montant de la souscription prise par ledit Tinsaud à l'association de la classe 1880 ; 2° et celle de 26 francs pour frais de recouvrement et de protêt du mandat fourni en recouvrement de la susdite somme et, ce, avec intérêts, etc. . . . .

Ainsi jugé et prononcé. . . . .

TRIBUNAL CIVIL DE BORDEAUX

JUGEMENT (extrait) DE LA 5e JUSTICE DE PAIX

Et sur appel du TRIBUNAL CIVIL

Audience du 22 Mars 1881

Attendu que l'opposition de Canivet est régulière en la forme ; qu'il y a lieu d'en examiner le mérite du fond ;

Attendu que : condamné par défaut, à payer à la Compagnie *La Gironde*, société contre les chances du tirage au sort :

1° Une somme de 100 francs pour prime d'exemption légale ;
2° Celle de 39 francs représentant le 5 0/0 de la somme de 780 francs, montant de la souscription ;
3° Celle de 27 fr. 30 pour frais d'invitation, protêt, retour de mandat et citation ;
4° Celle de 30 francs pour dommages et intérêts.

Canivet a fait opposition à l'exécution de ce jugement et demande à être déchargé des condamnations prononcées contre lui :

Attendu qu'il y a lieu d'examiner successivement les motifs par lui allégués de son opposition ;

Attendu qu'il est constant et non contesté, qu'aux termes d'une police sous signature privée, en date du 4 février 1867, enregistrée à Toulouse le 27 octobre 1879, f° 49, r° c° 2, Canivet a déclaré adhérer aux Statuts de la Société *La Gironde*, assurance mutuelle contre les chances du tirage au sort, et souscrit sur la tête de son fils, Joseph Canivet, de la classe 1878, pour une somme de 780 francs, et a pris l'obligation de payer les frais d'administration, le coût de la police et le timbre ;

Qu'aux termes de l'article 9, § 3 de la police, en cas d'exemption légale, le souscripteur devra à la caisse de l'administration la somme de 100 francs ;

Attendu qu'il est également constant, en fait, et reconnu par toutes les parties, que Canivet a payé à la Compagnie les 66 francs prévus sous les numéros 1 et 2 de l'article 27 sus-énoncé et qu'il ne s'est point libéré des 4 0/0 non alors exigibles ni des 100 francs prévus par le § 3 de l'article 9, son fils Joseph ayant été libéré du service par exemption légale ;

Attendu que pour éluder les condamnations prononcées contre lui, Canivet allègue en vain la résiliation de la police, en ce qui concerne l'obligation de payer la somme principale qui était fondée sur ce qu'à partir de la loi du 27 juillet 1872, l'obligation souscrite par le père de famille devenait sans cause, le remplacement militaire ayant été aboli :

Mais qu'on ne saurait raisonnablement conclure qu'il en doit être de même des frais de liquidation ; qu'il est évident que si l'obligation de verser le capital souscrit n'avait plus de cause, l'obligation de payer les 4 0/0 a toujours la sienne, laquelle consiste dans la nécessité de liquider la Société dissoute ;

Qu'au surplus, *il est de principe que la dissolution d'une Société pour quelque cause que ce soit, n'empêche pas qu'elle ait existé de fait et créé des obligations réciproques entre les parties* ; *qu'on ne comprendrait pas que les frais de liquidation prévus dans les Statuts et déclarés acquis au directeur*, QUOIQU'IL ARRIVE, *puissent rester à la charge de ce directeur* ;

Qu'il est évident que la cause de ces frais survit à la dissolution de la Société ; qu'il faut donc reconnaître que c'est à bon droit que Canivet a été condamné à payer à la Compagnie *La Gironde*, les 100 francs pour cause d'exemption légale et que la condamnation des 5 0/0 portée au jugement frappé d'opposition, doit être maintenue, mais réduite à 4 0/0. . . . .

Attendu que les frais sont à la charge de la partie qui succombe :

Par ces motifs,

Le Tribunal, statuant en premier ressort et contradictoirement, reçoit pour la forme Canivet opposant au jugement par défaut du 4 août dernier, enregistré, et faisant droit au fond, le condamne, etc.

APPEL

Attendu qu'à la date du 24 août 1880, après citation donnée à Canivet, le 26 juin précédent par exploit de Lourdault, huissier au tribunal d'Arras, à comparaître le 20 juillet 1880, devant M. le Juge de paix du 5e canton de Bordeaux et avenir donné par le même huissier, en date du 28 juillet 1880, il a été rendu par M. le Juge de paix du 5e canton de Bordeaux, un jugement par défaut contre Canivet, qui le condamne à payer à Roques en sa qualité de liquidateur de la Société *La Gironde*, les sommes qui y sont portées ;

Qu'à la date du 15 décembre 1880, ce jugement a été signifié à Canivet par exploit du même huissier ;

Qu'enfin par acte du 10 février 1881, du même huissier, qui rappelle l'élection de domicile de Roques, faite dans un commandement de son propre ministère, en date du 22 janvier précédent et au lieu fixé pour cette élection de domicile, Canivet a déclaré faire opposition à ce jugement obtenu pour défaut contre lui ;

Attendu que le jugement dont s'agit avait été signifié à Canivet le 15 décembre 1880 ainsi qu'il résulte de l'original à la suite de la grosse, et le 22 janvier 1881, en tête du commandement de cette date dont la copie porte par erreur la date du 22 juillet au lieu du 22 janvier ;

Qu'aux termes de l'article 20 du Code de procédure civile, l'opposition contre des jugements rendus par défaut par les Juges de paix, doit être faite dans les trois jours de la signification à peine de déchéance ; que l'opposition formée par Canivet n'a eu lieu que le 10 février, c'est-à-dire près de deux mois après la signification, que, par suite, elle n'était pas recevable ;

Attendu que le premier Juge a cependant déclaré l'opposition recevable ; que cette décision de sa part est susceptible d'être attaquée par appel ; qu'alors même que devant le premier Juge Roques n'aurait pas soutenu l'irrecevabilité de l'opposition, il serait recevable à la présente en appel, la déchéance étant d'ordre public et basée sur le respect de la chose jugée ;

Qu'il ne s'agit pas ici de la nullité d'un exploit, mais de la déchéance du droit de faire opposition.

Par ces motifs,

Le Tribunal, après en avoir délibéré, statuant en dernier ressort, jugeant sur appel interjeté par Roques et consorts du jugement de M. le Juge de paix du 5e canton de Bordeaux, en date du 22 mars 1882, dit qu'il a été mal jugé, bien appelé et faisant ce que le premier juge aurait dû faire :

Déclare que Canivet était non recevable à faire opposition au jugement du 24 août 1880, lequel avait acquis l'autorité de la chose jugée.

Ordonne, en conséquence, que le jugement du 24 août 1880 sera exécuté suivant sa forme et teneur, fait main levée de l'amende,

Condamne Canivet aux dépens.

TRIBUNAL CIVIL D'ORANGE

JUSTICE DE PAIX DE VALRÉAS

Extrait du jugement du 8 *novembre 1882*

LE CRÉDIT MILITAIRE contre *D'HAUTERIVES*

Attendu que le 16 avril 1862, d'Hauterives père, a souscrit à la Compagnie d'assurance mutuelle, *le Crédit Militaire*, au profit de d'Hauterives Gabriel, son fils, né le 10 septembre 1849, et devant faire partie de la classe 1869, une prime de 1,187 francs ; qu'il fut stipulé que d'Hauterives père resterait dépositaire de ses fonds sans qu'il fût tenu à aucun intérêt, s'engageant, de conformité à l'article 12 des Statuts, à verser ladite somme de

1,187 francs le jour même du Conseil de revision de Séverac (Aveyron), son chef-lieu cantonnal, entre les mains de Me Tremoulet, notaire audit lieu, ainsi que le tout résulte de la police d'assurance dudit 16 avril 1862, enregistrée à St-Geniès le 22 juin 1870, f° 77, v° ce 8 et 9 par M. le receveur qui a perçu les droits ;

Attendu que par la même police (art. 3), d'Hauterives père s'est obligé à payer la somme de 60 francs, montant des droits de commission, et, en outre (art. 4), à l'exécution des conditions contenues dans les statuts dont il lui a été fait lecture, et desquels il a reconnu avoir reçu un exemplaire ; que cette somme de 60 francs et celle de 5 francs pour frais de police et de timbre, ont été payés comptant ;

Attendu que pour faire rejeter la demande de Roques, d'Hauterives prétend :

1° Que la Société du *Crédit Militaire* est en déconfiture depuis 1870 ;

2° Qu'il a fait signifier le 23 juillet 1870 un acte extra-judiciaire par lequel il dégage la Société de ses obligations envers lui, sous la condition d'être dégagé lui-même ;

3° Qu'il a été compris dans le contingent de sa classe, et que, dans ce cas, la Société n'a pris aucune mesure pour lui fournir un remplaçant ; qu'il fut obligé de s'en procurer un à ses frais, ce qui ne l'empêcha pas de servir comme garde national mobile ;

4° Que l'article 25 des Statuts, § 2, doit être entendu dans ce sens que le prélèvement de 4 0/0 du capital ne saurait être réclamé à chaque souscripteur individuellement en sus de sa souscription, mais prélevé sur le fonds de répartition seulement ;

5° Qu'il ne saurait enfin être lié par une délibération des associés à laquelle il n'a pris aucune part.

1a Attendu sur le premier chef des conclusions d'Hauterives, que Roques est devenu propriétaire du portefeuille de la société *Le Crédit Militaire*, par acte du 6 Janvier 1875, et sous seing privé, déposé aux minutes de Me Lozes, notaire à Toulouse, le 27 avril suivant, qu'il a été de plus, chargé de la liquidation de la classe 1869 par délibérations des associés de ladite classe, réunis en assemblée générale les 30 Juillet et 20 Août 1877 ; que ces diverses qualités de cessionnaire et de mandataire sont régulières qu'en outre, les droits réclamés étaient acquis à la société dès la date de sa police ; qu'il ne saurait donc en l'état, lui être opposé utilement la faillite Cransac.

2° Attendu sur le second chef, qu'en souscrivant l'engagement du 16 avril 1862, d'Hauterives père, aujourd'hui représenté par son fils, s'est expressément obligé à l'exécution des conditions insérées aux statuts de la société.

Qu'un exemplaire de ces statuts lui a été remis ; qu'en signifiant le 23 Juin 1870, c'est-à-dire quelques jours seulement avant le conseil de revision fixé au 27 du même mois, son intention d'être dégagé de ses obligations vis-à-vis de la société, sous la condition que celle-ci serait également dégagée envers lui, n'est point conforme au § 2 de l'article 19 des dits statuts, fixant les délais avant l'expiration desquels la résiliation du contrat peut être demandée, et les conditions sous lesquelles elle peut être obtenue ; que le § 5 de l'article 1865 du code civil rapproché de l'article 1869 du même code ne saurait recevoir son application dans l'espèce : *Le Crédit Militaire* aux termes des articles 2 et 3 de ses statuts, étant une société à durée limitée, dont les opérations consistent à réunir tous les associés d'une même classe et fixant le terme de l'association à la clôture définitive de la classe à laquelle appartiennent les assurés.

3° Attendu sur le troisième chef *que le Crédit Militaire en établissant dans l'article 1 de ses statuts que la société a pour but de faciliter aux pères de famille, les moyens d'obtenir l'exonération de leurs enfants*, NE PREND NULLEMENT L'ENGAGEMENT DE FOURNIR DES REMPLAÇANTS ELLE-MÊME, MAIS UNIQUEMENT CELUI DE METTRE A LA DISPOSITION DES DITS PÈRES DE FAMILLE, UN CAPITAL DONT CHACUN ÉTAIT LIBRE D'EN FAIRE L'USAGE QUI LUI CONVENAIT LE MIEUX.

Qu'ils pouvaient à leur choix, soit le conserver si les assurés embrassaient la carrière militaire ou le faire servir à payer un remplaçant s'ils le jugeaient bon.

4° Attendu sur le quatrième point, que l'article 26 des statuts fait une énumération précise des divers droits auxquels pourront prétendre, *quoi qu'il arrive*, les administrateurs de la société pour s'indemniser des frais ordinaires d'organisation, d'inspection, de publicité et de gestion, que ces droits consistent :

1° A une commission portée au tarif, laquelle n'est autre que celle de 65 francs comptée par d'Hauterives père, lors de la passation de la police.

2° au 4 0/0 du montant des sommes souscrites, pour les couvrir des frais de liquidation, tournée de tirage au sort, revision, et généralement tous les frais généraux.

Que dans les termes ci-dessus, ces divers droits sont affectés et visent chacun à des dépenses spéciales ; qu'en rapprochant ce texte de celui de l'article 33 qui précise d'une façon très-claire quels sont les frais que les rédacteurs des Statuts ont voulu faire prélever sur le fonds de répartition, l'interprétation donnée par M. d'Hauterives ne saurait être admise.

Attendu que si toutefois il pouvait s'élever quelques doutes sur le sens de l'article 26, il doit, par application de l'article 1157 du Code civil, être entendu plutôt dans le sens avec lequel il peut avoir quelque effet que dans celui avec lequel il ne pouvait en produire aucun ;

Qu'il peut en effet se présenter diverses circonstances où le fonds de répartition n'existerait pas ce qui se produirait par exemple si, ensuite du tirage au sort, tous les associés étaient compris dans le contingent devant cinq années de service, tous étant bénéficiaires et aucun débiteur, il ne saurait y avoir de somme versée, et par conséquent de fonds de répartition ;

Que dans le cas opposé, tous les associés étant compris dans le contingent d'un an, ou libérés, ou réformés. tous devraient faire le versement de leurs primes, mais aucun ne devant les toucher, personne ne paie, et il n'y a pas non plus de fonds de répartition ;

Que même dans ces deux cas et autres qui pourraient se présenter, il y aurait nécessairement certains frais à payer pour couvrir les directeurs et agents de leurs dépenses; toutes contractées à ce moment, qu'il est évident que le paiement de ces dépenses incomberait à chaque souscripteur individuellement au prorata de sa souscription ;

Qu'il n'y a de différence entre les deux droits acquis à la Société qu'au point de vue de l'exigibilité, fixée pour le premier droit fixe en souscrivant, et pour le droit proportionnel perçu sur un capital augmenté quelquefois des intérêts capitalisés, à partir du jour de la souscription, c'est-à-dire, connue seulement après le tirage à cette dernière époque ;

5º Attendu qu'alors même que les Statuts se tairaient sur le cinquième point contesté il serait suppléé à ce silence par les délibérations sus-mentionnées qui portent que le 4 0/0 sera réclamé à chaque souscipteur individuellement ;

Que M. d'Hauterives conteste il est vrai la validité de ces délibérations en se fondant sur ce qu'il y a été étranger, mais que l'article 29 est formel sur ce point ; qu'il pourrait aussi au besoin être invoqué à l'appui de la légalité de ces délibérations, l'article 1859 du Code civil ;

Qu'en outre, *il est de principe, en ce qui concerne l'administration d'une Société, que les décisions prises par la majorité des associés engagent la minorité et font la loi de tous les membres* ;

Attendu en ce qui concerne la demande reconventionnelle

formée par d'Hauterives, que l'admission de la demande principale en est la réfutation nécessaire ;

Attendu que par suite du refus de d'Hauterives de remplir les engagements contractés par son père, M. Roques a dû faire certaines avances de fonds pour les frais, comme il a éprouvé des dommages dont il doit lui être tenu compte ;

Attendu, par application de l'article 130 du Code de procédure civile que toute partie qui succombe doit être condamnée aux dépens ;

Par ces motifs :

Nous, Juge de paix, statuant contradictoirement et par jugement en premier ressort, sans avoir égard à la demande de 200 francs reconventionnellement faite par d'Hauterives en ses conclusions ;

Condamnons d'Hauterives fils en sa qualité d'héritier de M. d'Hauterives père, à payer sans délai, à M. Roques aux qualités qu'il agit :

1° La somme de 47 fr, 48 représentant le 4 0/0 des 1,187 francs, montant de la prime souscrite par ledit d'Hauterives père, en faveur de son fils, à l'association de la classe 1869 ;

2° Celle de 3 francs pour frais de recouvrement ;

3° Celle de 28 fr. 20 pour intérêts courus au jour de la demande ;

4° Celle de 25 francs à titre de dommages-intérêts pour le retard mis par d'Hauterives à exécuter les engagements contractés par son père, le condamnons en outre aux intérêts de droit du jour de la demande et aux dépens, en ce non compris le coût du jugement auquel il est également condamné.

LA GIRONDE

SOCIÉTÉ D'ASSURANCES CONTRE LES CHANCES DU TIRAGE AU SORT

ET DU RECRUTEMENT

LA GIRONDE

SOCIÉTE D'ASSURANCES CONTRE LES CHANCES DU TIRAGE AU SORT

ET DU RECRUTEMENT

TRIBUNAL CIVIL DE BORDEAUX

EXTRAIT DU JUGEMENT DE LA 5ᵉ JUSTICE DE PAIX

Audience du 12 Février 1885

En la cause :

I. — 1° Lemaire ; 2° Besse ; 3° Mazert, 4° Marque ; 5° Sarrans et de tous autres ~~Sociétaires créanci~~ers de *La Gironde* pour l'association de la classe 1879,

Et M. E. Roques, liquidateur de ladite Société, agissant conjointement avec les sus-nommés dans un intérêt commun aux frais des présentes, demandeurs, d'une part,

II. — Et le sieur Terrein, sociétaire débiteur de frais de liquidation, défendeur d'autre part,

Par exploit du 22 janvier 1884, les demandeurs ci-dessus ont actionné le sieur Terrein devant la 5ᵉ Justice de paix de Bordeaux en paiement de la somme de 78 francs, montant des frais de liquidation prévus en l'article 28 des Statuts et autres accessoires par les motifs :

Attendu qu'aux termes de l'art. 27, devenu l'article 28 des statuts, auxquels Terrein a adhéré, ainsi qu'il en sera prouvé, Roques, ès-qualités, est fondé à lui réclamer sa part proportionnelle des frais de gestion faits par l'administration de *la*

Gironde, dans l'intérêt de chacun et de tous les associés de la classe 1879.

Qu'aux termes des mêmes statuts, ces droits proportionnels de liquidation devaient être payés à l'échéance de la Société.

Attendu que Terrein se prévaudrait vainement de ce que ces frais ne sauraient lui être réclamés par le liquidateur de la Société qu'en raison du taux fixé par la convention, constituant à sa date l'adhésion par lui prise aux statuts de la Société.

Mais que ces statuts étaient essentiellement modifiables aux termes de l'art. 24 qui stipule que :

« En tout temps, la Société, pour toutes décisions affectant sa « constitution ou apportant des modifications aux statuts, est « représentée par la majorité de ses membres réunis en assem- « blée générale au siège de la Société. Les décisions de l'as- « semblée générale seront prises à la majorité des membres « présents ou représentés.

Elles seront souveraines et obligeront la Société et chacun de ses membres. »

Attendu que ces statuts, en vertu de l'article ci-dessus reproduit, ont été modifiés par l'assemblée générale des sociétaires, le 11 juillet 1869, suivant acte déposé au rang des minutes de Me Thierrée, notaire à Bordeaux, en usant du mandat qui lui avait été conféré par chacun des adhérents de la Société par la signature de la police, délibération qui a introduit aux statuts modifiés, l'institution d'un conseil général avec les pouvoirs les plus étendus, pour apporter à son tour au pacte social telles modifications dont l'expérience démontrerait l'utilité.

Qu'en 1879, et *avant le tirage au sort* de ladite classe, le conseil général, usant de ses pouvoirs, a mis en harmonie les statuts de la Société, tant avec la législation actuelle sur le recrutement qu'avec les lois sur les Sociétés.

Et pris, au surplus, toutes mesures administratives pour assurer la bonne marche des opérations et le fonctionnement de la Société.

Que lesdites modifications prévues par les statuts, apportées au pacte social par le conseil général, votées à la majorité des membres présents ou représentés, ont été notifiées à Terrein et à tous les membres de la classe 1879.

Que les résolutions desdites assemblées, mettant d'accord les statuts de la Société avec la législation en vigueur, n'avaient pas besoin de réunir l'unanimité des suffrages des associés par le motif que, d'après l'art. 24, lequel est visé dans les délibérations relatives à l'année 1879, les délibérations prises à la majorité des membres présents seront souveraines et obligeront la Société et chacun de ses membres.

Que cette clause n'avait rien de contraire à la morale ni à l'ordre public et qu'elle obligeait tous les associés.

Attendu qu'il a été jugé que les associés sont liés par les conventions sociales quelle qu'en soit la date ; qu'ils doivent les exécuter toutes, même celles prises par un acte postérieur, alors qu'il est reconnu que cet acte est le complément de celui de la Société (Cour de cass. D. P. 44. 1. 109).

Attendu que depuis le jour de la souscription de Terrein jusqu'à ce jour, ce dernier, comme membre de la Société, a été utilement représenté dans les opérations multiples de celle-ci par l'administration Trubesset et Roques.

Qu'en conséquence tous les frais ordinaires d'organisation, d'employés, de loyers, d'inspection, de publicité, de gestion, de renseignements, de convocations, de réunions et généralement tous frais généraux ont été proportionnellement faits dans l'intérêt de Terrein et qu'il est juste et rationnel de lui en faire supporter sa part.

Attendu que les conventions font loi entre les parties qui les ont librement consenties et ne peuvent être révoquées que de leur consentement mutuel.

Que ce serait encore en vain que Terrein voudrait se prévaloir de ce que la législation actuelle sur le recrutement, ne maintenant plus le remplacement militaire, il y aurait eu *ipso facto* au moment de la promulgation de la loi du 27 juillet 1872, rupture de tout lien de son engagement avec la Société *La Gironde* ; mais qu'il n'en est pas ainsi ; que cette dernière ne s'est jamais occupée de remplacement militaire, lequel n'était ni de son essence, ni de son principe, mais uniquement d'opérations qui sont en harmonie avec ladite loi et que la Société fonctionne encore en conservant toute sa raison d'être.

Qu'en établissant, en effet, dans l'art. 1er des statuts qu'elle avait pour but de faciliter aux pères de famille les moyens d'affranchir leurs enfants du service militaire, *la Gironde* n'avait nullement pris l'engagement d'assurer l'affranchissement intégral du service militaire de l'assuré, ni remplaçants, ni une exonération quelconque, mais bien de mettre à la disposition desdits pères de famille une somme dont chacun était libre de faire l'usage qui lui conviendrait le mieux ; qu'ils pouvaient à leur choix se la conserver si les associés embrassaient la carrière militaire ou la faire servir à les en affranchir. Le même but est poursuivi actuellement par *la Gironde*, en vertu des statuts modifiés, régissant les associations postérieures à la loi du 27 juillet 1872; qu'il n'y a pas là contrat nouveau ni Société nouvelle, mais uniquement et simplement continuation de la même Société modifiée par un acte complémentaire autorisé par une clause formelle du pacte social.

Attendu que pour Terrein, la Société particulière à l'année 1879, a commencé du jour de la deuxième adhésion dont l'échéance a été fixée tant par Terrein que par chacun des adhérents à ladite Société particulière, au tirage au sort des jeunes gens de la classe 1879 ; *que la Société*, pour cette classe, *est arrivée à son terme normal sans aucun acte de protestation de la part de ses membres et sans aucune demnnde anticipée en justice de dissolution.*

Attendu que la Société LA GIRONDE *est régulière et que ses statuts ne contiennent aucune sorte de nullité* ; qu'en fait la Société, pour Terrein, existe du jour de son adhésion ;

Qu'il est de doctrine et de jurisprudence que la liquidation d'une Société civile, licite dans son objet, doit se faire d'après les principes généraux du droit et des dispositions des statuts.

Attendu qu'il a été jugé : *que nonobstant l'annulation d'une Société, la communauté d'intérêts qui était née de l'existence de fait de cette Société, licite dans son objet et créée par la libre volonté des parties exige une liquidation qui ne peut se faire que d'après les principes généraux de droit ; qu'il doit en être ainsi* à fortiori *d'une Société qui arrive au terme normal de ses opérations* (Cour de cass. S. 75. 1. 68. 77. 1. 409).

Que, par application de cette jurisprudence aujourd'hui constante, le tribunal de céans a décidé :

« Que la dissolution d'une Société, pour quelle cause que ce
« soit, n'empêche pas qu'elle ait existé en fait, ni créé des obli-
« gations réciproques entre parties; que l'on ne comprendrait
« pas que les frais de liquidation prévus par les statuts et
« déclarés acquis au directeur *quoi qu'il arrive*, puissent être
« laissés à la charge du liquidateur ; qu'il est évident que la
« cause de ces frais survit à la dissolution et qu'on ne saurait
« sérieusement les discuter au directeur auquel ils ont été
« assurés *quoi qu'il arrive* (Jug. de la 5e justice de paix de Bor-
« deaux, des 24 août 1880, 22 mars et 2 août 1881) »

Que ces décisions ainsi rendues sont une saine interprétation des contrats souscrits à *la Gironde* et qu'elles doivent être appliquées à l'espèce Terrein.

Que ce dernier ne saurait enfin sérieusement se dérober, sous des prétextes mal fondés, au paiement des sommes qui lui sont réclamées.

Par ces motifs :

4.

Il plaira à M. le juge de paix dire et déclarer :

1° Que la Société *la Gironde* pour l'association de la classe 1879 n'a pas cessé d'exister, les statuts déclarés modifiables ayant été valablement revisés et mis d'accord avec la législation actuelle sur le recrutement par les délibérations des associés réunis en assemblées plénières, en exécution et conformément aux statuts, en date des 22 décembre 1878, 11 juillet 1869, et celles relatives aux assemblées annuelles des 2 décembre 1879 et 28 avril 1880 dûment enregistrées et déposées aux minutes de Me Thierrée, notaire à Bordeaux, et Me Mailhe, notaire à Launac, réglant la situation faite aux associés de ladite classe ;

2° Que ces délibérations ont été prises dans les termes du contrat de Société, qu'elles en sont le complément et comme telles obligatoires pour Terrein ;

3°, etc. . . . .

Le Tribunal, statuant en premier ressort. . . . .

Après avoir vérifié la demande, condamne Terrein à payer à Roques et consorts, etc.... (*Adjudication des conclusions.*)

Signé : NÉRON, juge de paix, chevalier de la Légion d'honneur

---

JUSTICE DE PAIX DE BORDEAUX

JUGEMENT SUR OPPOSITION (extrait)

Audience du 2 Août 1881

En la cause d'entre :

M. Emile Roques et consorts, demandeurs en première instance et demandeur sur opposition d'une part,

Et le sieur Carrère, sociétaire débiteur des frais de liquidation à la Société *la Gironde*, demandeur, sur opposition d'autre part.

Attendu que Carrère, condamné par défaut le 6 juillet 1880 à payer à *la Gironde* une somme de 40 francs représentant le 5 0|0 du capital de 800 francs par lui souscrit à *la Gironde* (assurance contre les chances du tirage au sort) sur la tête et au profit de son fils Jean-Baptiste, de celle de 6 fr. 50 pour frais de protêt, a fait opposition à l'exécution dudit jugement, et soutient ne pas devoir les sommes réclamées.

Attendu qu'il est constant et non contesté qu'aux termes d'une police sous seing privé, en date du 31 décembre 1868, enregistrée, Carrère a déclaré adhérer aux statuts de « la Gironde » (assurance mutuelle contre les chances du tirage au sort) et souscrit sur la tête de son fils, Jean-Baptiste Carrère, comme devant faire partie de la classe 1878, une somme de 800 fr., et a pris l'obligation de payer les frais d'administration, le coût de la police et du timbre.

Attendu qu'il est constant en fait et reconnu de toutes parties que Carrère a payé à la Compagnie la somme de 66 fr. prévue sous le nº 1 de l'art. 27 des statuts, et qu'il n'a pas payé les 4 0|0 non alors exigibles par les mêmes statuts.

Attendu que c'est en vain que Carrère allègue qu'il ne doit pas les 4 0|0 qu'il a été condamné à payer par le jugement frappé d'opposition sous le prétexte qu'aux termes de ces statuts ils ne seront exigibles que lors de la répartition.

Que l'argumentation de Carrère ne saurait être accueillie par le Tribunal.

Qu'en effet, *il est de principe que la dissolution d'une Société, pour quelque cause que ce soit, n'empêche pas qu'elle ait existé en fait et créé des obligations réciproques entre parties.*

Attendu enfin qu'on ne comprendrait pas que les frais de liquidation prévus dans les statuts et alloués au directeur, *quoi qu'il arrive*, puissent rester à sa charge, sous le prétexte que ces frais ne seraient exigibles que lors de la répartition.

Que c'est donc à bon droit que Carrère a été condamné à payer 40 francs qui font l'objet du jugement frappé d'opposition et les 6 fr. 50 des frais de protêt:

Sur les dommages réclamés par la Compagnie *la Gironde* pour le retard qu'a apporté l'opposition de Carrère à l'exécution du jugement;

Attendu *que les frais sont le châtiment du plaideur téméraire*, qu'en les mettant à la charge de Carrère, il n'y a pas lieu à plus amples dommages-intérêts.

Par ces motifs :

Le Tribunal, statuant en dernier ressort et contradictoirement, reçoit pour la forme Carrère opposant au jugement du 6 juillet 1880 et, statuant au fond, déclare son opposition mal fondée.

Confirme purement et simplement le jugement frappé d'opposition.

Dit qu'il sortira son plein et entier effet, et condamne, etc...

JUSTICE DE PAIX DE VALRÉAS (VAUCLUSE)

JUGEMENT SUR OPPOSITION (extrait)

Audience du 21 Février 1883

MOTIFS ET DISPOSITIF

Sur quoi nous, juge de paix susdit, statuant contradictoirement et en dernier ressort.

Attendu que l'opposition du sieur Clerc est régulière en la forme ;

Attendu qu'il est constant et non contesté que ledit Clerc a souscrit en faveur de la Société *le Crédit Militaire,* et au profit de son fils Joseph-Louis Clerc, une assurance de 938 fr. 15 payable par annuités.

Attendu qu'aux termes des articles 3 et 4 de la police, le sieur Clerc s'est expressément obligé à l'exécution des conditions contenues dans les statuts de ladite Société *le Crédit Militaire,* statuts dont lecture lui a été faite et dont un exemplaire lui a été remis.

Attendu que l'art 26 des statuts fait une énumération précise des divers droits auxquels pourront prétendre quoi qu'il arrive les administrateurs de ladite Société pour les indemniser des frais ordinaires d'organisation, d'inspection, de publicité et de gestion ; que ces droits consistent : 1° à une commission portée au tarif, laquelle n'est autre que celle de 60 francs acquittés par Clerc au moment de sa souscription ; 2° 5 francs pour droits de police ; 3° 4 0|0 du capital souscrit pour les couvrir des frais de liquidation, tournées de tirage et de revision, et généralement tous frais généraux.

Attendu que la Société LE CRÉDIT MILITAIRE, *en établissant dans l'art. Ier de ses statuts que la Société a pour but de faciliter aux pères de famille le moyen d'obtenir l'exonération de leurs enfants, ne prend nullement l'engagement de fournir des remplaçants elle-même, mais uniquement de mettre à la disposition des pères de famille, un capital dont chacun était libre de faire l'usage qui lui convenait.*

Attendu que la loi du 27 juillet 1872 qu'invoque le sieur Clerc, n'a point eu pour conséquence, ainsi que ce dernier le prétend, de rendre sans objet la Société *le Crédit militaire* ; qu'en effet, ladite loi a conservé les chances aléatoires du tirage au sort, de certaines inégalités de situation entre les divers appelés.

Qu'elle a dès lors laissé subsister un but et un intérêt suffisants pour le maintien de l'association.

Attendu qu'aux termes de l'art. 20 desdits statuts : Tout assuré tombé au sort pour lequel le dépôt du montant de la souscription n'aurait pas été effectué, comme il est dit aux art. 12 et 13 des mêmes statuts, sera déchu de ses droits à la répartition, sans qu'il soit besoin d'aucune mise en demeure ou d'avertissement.

Attendu qu'aucun des motifs donnés par le sieur Clerc dans son opposition, ne nous a paru fondé d'après la vérification que nous en avons faite ; que, dès lors, il n'y a pas lieu de le décharger des condamnations prononcées contre lui par le susdit jugement de défaut du 27 juillet 1881 au profit de Roques.

Attendu, en ce qui concerne la demande reconventionnelle formée par ledit Clerc, que l'admission de la demande principale en est la réfutation nécessaire.

Attendu que la partie qui succombe doit être condamnée aux dépens.

Par ces motifs :

Disons que Clerc (Louis) est recevable pour la forme seulement, dans son opposition, et au fond. ordonnons que ledit jugement rendu contre lui par défaut au profit du sieur Emile Roques jeune et consorts, le 27 juillet 1881, sera exécuté selon sa forme et teneur.

Condamnons ledit Clerc aux dépens faits sur son opposition, liquidés à la somme de 10 fr. 35, dans lesquels ne sont pas compris les frais de timbre, d'enregistrement, d'expédition et de signification du présent jugement, lesquels demeurent également à sa charge.

TRIBUNAL CIVIL DE BORDEAUX

JUSTICE DE PAIX (5e CANTON)

JUGEMENT (extrait)

Audience du 26 Décembre 1882

En la cause de :

1° Emile Roques, liquidateur de *la Gironde* pour l'association de la classe 1880 ;

2° Et le sieur François Bergeon, sociétaire défendeur.

MOTIFS ET DISPOSITIF.

Nous, juge de paix, statuant par jugement contradictoire :
Attendu que l'action des demandeurs a pour objet :

1° Le paiement d'une somme de 72 fr. représentant le 10 0/0 du capital souscrit par Bergeon ;

2° Celle de 3 fr. 50 pour intérêts de ladite somme de 72 fr., courus du 1er juillet 1881 au 1er juillet 1882 ;

3° Celle de 30 fr. pour dommages occasionnés au demandeur pour le retard apporté par le défendeur dans l'exécution de ses engagements ;

4° Celle de 3 fr. 75 pour le coût de l'enregistrement ;

5° Les intérêts du jour de la demande et les dépens.....

Attendu qu'il est constant en fait et non contesté que, par la police des 16 et 18 décembre 1866, Bergeon, défendeur, a déclaré adhérer aux statuts de la Société en participation *La Gironde*, et souscrit sur la tête de son fils, Amédée-Roch Bergeon, de la classe 1880, un capital de 720 fr.;

Qu'aux termes de l'art. 27 des Statuts, il est stipulé que, pour faire face à tous les frais de la Société, le directeur percevra :

1° Une somme de 60 fr. pour chaque souscription ;
2° Celle de 5 fr. par police ;
3° Celle de 4 0/0 du capital souscrit.

Que les 65 fr. composant les nos 1 et 2 ont été payés comptant par le défendeur ;

Que, plus tard, et après la promulgation de la loi du 27 juillet 1872, qui a rendu le service militaire obligatoire pour tous, *la Société, La Gironde, par délibérations des associés réunis en assemblée générale, conformément aux Statuts, a été renouvelée et mise en harmonie avec la loi nouvelle; que cette Société n'a pas cessé de fonctionner et fonctionne encore.*

Que les 4 0/0 stipulés payables au directeur par le n° 1 de l'art. 28 ont, d'un commun accord, été élevés à 10 0/0.

Attendu qu'il est également certain, bien que contesté par le défendeur, qu'il a eu connaissance de ces modifications.

. . . .

Qu'il faut donc reconnaître que le premier chef de la demande de Roques et consort doit leur être allouée ;

Sur la demande reconventionnelle de Bergeon ;

Attendu qu'il résulte surabondamment de ce qui précède que Bergeon n'a point indûment payé les 65 francs dont il réclame le remboursement, qu'en conséquence sa demande en restitution ne saurait être accueillie ;

Par ces motifs :

Le Tribunal, statuant en premier ressort et contradictoirement, sans s'arrêter à la demande reconventionnelle de Bergeon, dans laquelle il est déclaré mal fondé, le condamne à payer à Roques et consorts la somme de 72 francs, représentant le dix pour cent du capital de 720 francs, souscrit par Borgeon ; le condamne aux intérêts de cette somme du jour de la demande et aux dépens liquidés, etc.....

Ainsi jugé et prononcé à Bordeaux, le 20 décembre 1882.

LE CRÉDIT MILITAIRE *contre* GALAU

JUSTICE DE PAIX DE VALRÉAS (VAUCLUSE)

Audience du 26 Septembre 1883

JUGEMENT (extrait)

En la cause du liquidateur de la Société pour la classe 1879, demandeur au principal et défendeur sur opposition ;

Et Galau, sociétaire de la classe 1879, défendeur au principal et demandeur sur opposition.

Attendu que, suivant accords verbaux, le sieur Galau (Jean-Baptiste) a donné son adhésion aux Status de la Société *Le Crédit militaire* en souscrivant en faveur de ladite Société, et au profit de son fils Edouard comme devant faire de la classe 1879, une assurance de 755 fr. 50.

Attendu qu'aux termes de l'art. 26 § 2 des Statuts du *Crédit militaire*, le directeur de ladite association aura un droit de cinq pour cent sur les sommes souscrites, pour le couvrir des frais de liquidation, et généralement tous frais généraux ;

Attendu que, par délibérations des associés de l'assemblée plénière, en date du 21 juin 1877, enregistrée et déposée aux minutes de Me Bret, alors notaire à Valréas, le droit de 5 0/0 dû au directeur de l'Association, en vertu de l'art. 26 précitée, a été porté à 10 0/0.

Attendu que, malgré ses demandes réitérées, Roques n'a pu obtenir de Galau le paiement de la somme de 75 fr. 55, montant de son droit de 10 0/0 sur les sommes souscrites.

Attendu que le défendeur ne comparait pas, quoique régulièrement cité.

Par ces motifs :

Donnons défaut contre ledit Galau, défendeur défaillant et pour le profit, le condamnons à payer à Emile Roques : 1° la somme de 75 fr. 55 montant de son droit de 10 0/0 sur la souscription du dit sieur Galau; 2° les intérêts de cette somme du 1er juillet 1882 ; 3° celle de 1 fr. 50 pour frais de recouvrement; 4° celle de dix francs à titre de dommages-intérêts pour le préjudice causé à défaut d'exécution de son engagement. Le condamnons en outre aux dépens liquidés, etc......... ainsi jugé et prononcé . . . . , . .

Jugement sur opposition :

Galau a fait conclure par son mandataire qu'il formait opposition au jugement ci-dessus, parce que :

1° L'engagement pris par l'assurance de faciliter l'exonération des jeunes gens est nul, attendu que depuis 1870, l'exonération des jeunes gens n'est plus permise.

2° Que s'il avait cru que son adhésion aux statuts du *Crédit Militaire*, ne pouvait avoir aucune efficacité dans ses conséquences, il n'aurait pas souscrit; sa bonne foi a donc été surprise.

3° Que le consentement donné par lui, n'a été donné que par erreur, etc.

Le Tribunal,

Attendu que l'opposition de Galau au jugement par défaut du 29 novembre dernier rendu contre lui au profit de Roques, est régulière en la forme ;

Attendu au fond que la Société *Le Crédit Militaire* en établissant dans l'article 1er de ses statuts, que la Société a pour but de faciliter aux pères de famille, les moyens d'obtenir l'exonération de leurs enfants, ne prend nullement l'engagement de fournir des remplaçants elle-même ; mais uniquement celui de mettre à la disposition des dits pères de famille, un capital dont chacun était libre de faire l'usage qui lui conviendrait le mieux ; qu'ils pouvaient à leur choix se le conserver s'ils embrassaient la carrière militaire, ou le faire servir à payer un remplaçant s'ils le jugeaient bon ,

Attendu que Galau prétendant que sa bonne foi a été surprise ne produit aucune preuve à l'appui de son dire ; Que le dol ne se présume pas et doit être prouvé.

Que l'article 1172 du Code civil invoqué par Galau, ne saurait recevoir d'application en l'espèce.

Par ces motifs :

Le Tribunal déclare ledit Galau non recevable dans l'opposition qu'il a faite au jugement rendu contre lui par défaut le 29 novembre dernier au profit de E. Roques, et ordonne que ce jugement sera exécuté selon sa forme et teneur.

Condamne ledit Galau aux dépens, etc...... ainsi jugé......

LA GIRONDE contre ROLAND. sociétaire

TRIBUNAL CIVIL DE LA SEINE

9e JUSTICE DE PAIX

Audience du 20 Avril 1883

EXTRAIT DU JUGEMENT

En la cause du sieur E. Roques, liquidateur de ladite Société, et comme étant aux droits de M. Trubesset. — Demandeur et consorts, d'une part,

Et le sieur Roland, négociant, sociétaire-débiteur de ladite assurance à l'association de la classe 1880. — Défendeur, d'autre part.

Faits. — Suivant exploit sous sa date, E. Roques, en sa dite qualité, a fait citer le sieur Roland pour le vendredi 30 mars 1883, pardevant M. le Juge de paix du IXe arrondissement de Paris pour le faire condamner à payer aux demandeurs :

1° La somme de 78 francs représentant le 10 0/0 de 780 francs montant de la souscription prise par ledit sieur Roland à l'association de la classe 1880 ;

2° Les intérêts du 1er juillet 1881, etc. . . . .

La cause appelée à l'audience dudit jour, a été remise au 13, puis au 20 avril suivant.

Le demandeur a conclu à l'adjudication des conclusions de la demande.

Le défendeur a conclu à ce qu'il plût au Tribunal :

Déclarer les demandeurs mal fondés en leur demande, les en débouter et les condamner en tous les dépens.

Le Tribunal,

Ouï les mandataires des parties, en leurs fins, moyens et conclusions :

Attendu que la demande est justifiée quant à ses deux premiers chefs,

Statuant en premier ressort,

Condamne le sieur Roland à payer à E. Roques ès-nom :

1° La somme de 84 fr. 55, composée de 78 francs, montant du premier chef de la demande ; 2° De 6 fr. 55 pour intérêts de cette somme, conformément à la convention du 1er juillet 1881 au jour de la demande ; le condamne, en outre, aux intérêts de la somme totale, à partir du 3 mars dernier, date de la citation ;

Condamne enfin le sieur Roland aux frais de la citation liquidés et au coût du présent jugement.

Ainsi jugé et prononcé en audience publique, le vendredi 20 avril 1883.

PARIS. — Imprimerie EDMOND ROUSSET, 7, rue Rochechouart.

www.ingramcontent.com/pod-product-compliance
Ingram Content Group UK Ltd.
Pitfield, Milton Keynes, MK11 3LW, UK
UKHW020341220726
13923UKWH00004B/1511

9 782329 095745